AF264223

DIALOGUE

SUR

L'ASSOCIATION OUVRIÈRE.

Celui qui ne veut pas travailler
ne doit pas manger.

PRIX : CINQ CENTIMES.

SE VEND :

AU BUREAU DU JOURNAL L'ATELIER,
RUE FÉROU, 15;

CHEZ ROUANET, LIBRAIRE, RUE VERDELET,

ET CHEZ PRÉVOT, LIBRAIRE, 61, RUE BOURBON-VILLENEUVE.

1841.

DIALOGUE

SUR

L'ASSOCIATION OUVRIÈRE.

Celui qui ne veut pas travailler
ne doit pas manger.

Le dialogue suivant s'est engagé dans un atelier de Paris, entre le patron et l'un de ses ouvriers, à l'occasion d'une discussion politique et sociale qui venait de s'élever dans cet atelier, et qui avait été interrompue par la présence inopinée du chef de l'établissement.

— Je croyais vous avoir déjà fait observer, dit ce dernier, que mon atelier n'était pas un club, qu'il ne devait jamais y être pris de délibération sur quelque intérêt que ce soit, qu'on y venait pour travailler, rien que pour travailler. Quand on cause, la besogne se fait lentement et mal. Qui vous empêche, après la journée, lorsque vous êtes sortis d'ici, de vous occuper de ces choses, qui, soyez-en persuadés, sont aussi nuisibles à vos intérêts qu'aux miens. Ce n'est certes pas moi qui vous empêcherai de dire et de faire des sottises. Vous le savez, vous êtes parfaitement libres, pourvu que ce ne soit pas à mes dépens.

— Votre observation, lui répond l'ouvrier auquel il semblait s'adresser plus particulièrement, serait très-juste si nous étions payés à la journée, mais nous travaillons à nos pièces ; elle serait encore raisonnable dans un temps où la besogne presserait. Or, nous n'en sommes pas accablés, tant s'en faut. Vous dites de plus que nous pouvons nous occuper ailleurs de nos affaires ; vous savez bien que cela est impossible. En effet, nous ne pouvons nous réunir dans nos domiciles, où nous avons bien de la peine à nous retourner. Où voulez-vous, en définitive, que nous puissions nous voir ? Chez le marchand de vins ? c'est là notre seul salon, à nous gens du peuple. Mais dans ce cas, vous serez le premier à nous appeler ivrognes, sans compter que la police, ne nous voyant pas sortir ivres de cet endroit, nous traquera comme des conspirateurs. Vous voyez donc bien que l'atelier est notre seul refuge, l'unique lieu où nous puissions parler en paix de nos misères, et nous nourrir de l'espoir d'un meilleur avenir !

— Et que faites-vous pour préparer ce meilleur avenir? Au lieu de travailler paisiblement à amasser de quoi parer aux maladies et au manque d'ouvrage, vous rêvez coalition, lutte contre les maîtres; vous employerez encore au besoin la force brutale contre ceux de vos compagnons qui ne goûteront pas vos avis. Est-ce que les derniers événements ne vous ont pas prouvé, par leur déplorable issue, la folie de vos tentatives?

— La cause qui a produit les coalitions de septembre existe toujours, et appelle un pressant remède. Nous ne voulons pas, comme nos amis condamnés, nous heurter contre vos terribles lois, et tomber ainsi victimes d'un dévouement inutile; nous cherchons une voie plus sûre et plus prompte pour arriver légalement au but où ils tendaient par des moyens que la loi condamne. Ce qu'ils voulaient, comme nous, c'est l'amélioration morale et matérielle de notre sort à tous, qui sommes livrés à la misère, aux vices et aux souffrances qu'elle traîne à sa suite. Personne ne peut nier ce fait, que nous sommes dans une situation déplorable, et qui tend encore à empirer. Au lieu de chercher à l'abolir par la violence, nous nous enseignons mutuellement les moyens pacifiques de faire cesser l'exploitation dont nous sommes victimes.

— L'exploitation! voilà votre grand mot! Il semble, à vous entendre, que nous sommes des tyrans, des despotes, vivant de vos sueurs en nous croisant les bras. Vous savez cependant que je travaille autant et quelquefois plus qu'aucun de vous. Eh bien ! si je vous faisais voir mes livres, à coup sûr vous n'oseriez plus m'appeler exploiteur !

— Pour le moment, nous pouvons bien reconnaître que ce n'est pas vous qui êtes l'exploiteur le plus dur; vous êtes un peu comme nous l'instrument de l'exploitation, et souvent aussi une de ses victimes. Le fléau de l'industrie, celui dont l'influence s'exerce si fatalement sur nous tous, c'est le capital considéré comme faculté productrice. C'est l'impôt prélevé par lui sur les produits du travail qui accable les producteurs. Le gros négociant vous fait des commandes et vous les paye en billets à longue date; un usurier profite de la gêne où vous vous trouvez pour les escompter à un taux ruineux. Tous vos bénéfices étant ainsi absorbés pour vous procurer l'argent nécessaire à la marche de votre établissement, vous êtes bien forcé de prélever sur nos salaires de quoi subvenir à vos besoins et à ceux de votre famille. C'est donc nous qui payons les intérêts, les dividendes, les primes, l'escompte, et tant d'autres impôts dont nous frappe le capital ! Une somme de 100,000 francs, masse inerte, qui ne travaille pas; *gagne* cependant à elle seule, en un an, autant que vingt ouvriers dans le même espace de temps. Les maîtres qui ne sont pas capitalistes (ils sont peu nombreux) nous pressurent d'autant plus qu'eux-mêmes sont refoulés; ceux qui possèdent les capitaux nous écrasent pour faire une plus grande fortune : d'un côté ou de l'autre, nous ne pouvons guère espérer d'obtenir la part légitimement due à nos travaux; nous concluons donc que dans l'ordre de choses que nous désirons, il ne devra plus y avoir de maîtres!

— Quelle absurdité! plus de maîtres! Et qu'espérez-vous donc faire sans eux? Je sais bien qu'un maître abandonné à lui-même ne ferait rien; mais je suis persuadé aussi que des ouvriers associés ne sauraient s'entendre trois jours. Plus de maîtres! Et qui donc dirigerait les travaux? qui serait responsable envers le public? Faites-vous donc l'idée d'un régiment sans direction, et composé exclusivement de soldats. Mais vous n'avez pas l'ombre du sens commun!

— Je ne puis pas croire que vous nous supposiez assez stupides pour ignorer que toute entreprise a besoin d'une direction; nous savons très-bien qu'il n'y a pas d'œuvre possible à accomplir sans un chef, sans une hiérarchie de fonctions, sans l'obéissance de la part des subordonnés, sans le dévouement, l'activité et la capacité reconnues dans les chefs.

— Eh bien! est-ce que les maîtres ne sont pas les chefs naturels de l'industrie? N'ont-ils pas été appelés par vocation pour la plupart à la direction de telle ou telle spécialité? Ne possèdent-ils pas enfin une dernière qualité, la plus essentielle de toutes, celle d'être détenteurs des instruments du travail (outils, matières premières, argent, etc.)?

— Cette dernière qualité est incontestable. C'est la seule aussi que nous leur reconnaissions. Mais à quoi est-elle due ? Au talent, au mérite, au dévouement ? Nullement : au hasard, qui les a fait hériter d'un parent, épouser une femme riche, ou enfin, ce qui est plus rare, à un égoïsme raisonné, qui les a fait rester célibataires, et profiter de quelques moments rares où ils ont pu gagner de bons salaires étant ouvriers, lesquels salaires leur ont permis, à force de privations, d'amasser de quoi exploiter à leur tour. Ces derniers sont les moins estimables, ce sont aussi généralement les plus durs d'entre les patrons. Ainsi, vous le voyez, les patrons sont, ou des gens riches, ou des ouvriers égoïstes qui s'isolent ; comme c'est l'égoïsme qui les a menés là, l'amour du gain, qui en est la conséquence, fait qu'ils diminuent d'abord le salaire de leurs ouvriers, pour s'enrichir plus vite ; puis un de leurs confrères, pour vendre davantage qu'eux, baisse ses prix de vente ; les autres veulent lutter et donner encore à meilleur marché ; pour pouvoir y parvenir, c'est toujours sur le salaire de l'ouvrier qu'il faut retomber. Et voilà comment s'engendre la concurrence, qui ne peut s'arrêter, et qui ne s'arrêtera qu'au moyen d'un changement radical dans la constitution de l'industrie.

— Tout cela est bien vrai ; mais est-ce la faute des maîtres ou des institutions qui régissent l'industrie ?

— Ces institutions sont l'œuvre des hommes ; les hommes peuvent donc les modifier : c'est la fonction gouvernementale. Pourquoi les maîtres n'interviennent-ils pas? Parce qu'ils sont égoïstes, et ne pensent qu'à eux seuls. Les ouvriers, eux, sentent le besoin d'intervenir; et c'est pour cela qu'ils font de la politique, qu'ils s'occupent de la chose gouvernementale et signent la pétition de la réforme électorale.

— Mais enfin, quelles seraient vos idées d'organisation de l'industrie, dans le cas où une Chambre élue par le peuple tout entier vous viendrait en aide?

— Les voici : Pour base de cette réforme à introduire, nous partirions de ce principe, dont nul n'osera contester la justice: *Celui qui ne veut pas travailler ne doit pas manger.* De là découlent tous les détails de notre organisation. Cela ne veut pas dire que nous mettrons à tout le monde un rabot ou une lime à la main; cela ne veut pas dire non plus que nous employerons des moyens violents pour forcer au travail, ni même que notre plan sera réalisé de suite; nous ne sommes pas des rêveurs; nous voulons ce qui est présentement possible; mais ayant toujours en vue une application de plus en plus rigoureuse du principe que je viens de vous indiquer, et qui est le fondement de notre économie politique, à nous autres, qui voulons des réformes sérieuses.

— Je suis curieux de savoir comment vous entendez qu'il n'y aura plus de maîtres.

— Il n'y aura plus de maîtres, parce qu'il arrivera un jour où tous les travaux et entreprises industriels seront faits par des associations d'ouvriers, contre lesquelles les entrepreneurs privés essayeraient en vain de rivaliser ; ils seraient bientôt obligés de solliciter eux-mêmes leur admission dans l'association. Quant à la direction, l'élection déterminera quel sera celui d'entre les associés qu'on chargera de cette fonction. Ainsi, vous le voyez, il y aura toujours des directeurs, et cependant il n'y aura plus de *maîtres*. Ce principe de l'élection, introduit dans l'industrie, est de toute justice, la masse étant toujours le meilleur juge de ce qui convient à ses intérêts. L'industrie se trouverait alors administrée par des chefs élus, révocables aussitôt qu'ils ne rempliraient plus leurs fonctions avec probité et intelligence. Loin de fixer arbitrairement, comme le font les maîtres actuels, le salaire des ouvriers, ce seraient ceux-ci qui fixeraient, d'un commun accord, les droits de chacun. Après avoir prélevé le salaire ordinaire, les bénéfices seraient divisés en deux parts : la première, pour rembourser les avances faites à l'association, et destinée ensuite à accroître le fonds social, lequel est composé des outils, matières premières, du produit de ces matières et du fonds de roulement, etc. Ce fonds social serait la propriété de l'association en général ; il ne pourrait jamais être partagé. La seconde partie serait répartie, soit proportionnellement au travail de chacun, soit également entre tous les associés ; ce dernier mode serait plus fraternel et plus juste, puisque chacun devrait faire tout ce qu'il pourrait pour la prospérité de l'entreprise (1).

— Je ne comprends pas bien comment le capitaliste n'interviendrait pas forcément; le besoin qu'éprouveraient les associations ne les forcerait-il pas à emprunter?

— Sans aucun doute, les premières associations seraient forcées d'avoir recours au capitaliste. Mais le contrat leur interdirait de lui accorder la moindre part dans les bénéfices. Elles auraient seulement à payer l'intérêt des sommes qui leur seraient prêtées. Elles en viendraient à bout avec le temps. A une certaine époque, les associations, devenues nombreuses et riches, se prêtant entre elles, *sans intérêt*, ce dont elles auraient besoin, les capitalistes seraient forcés de vivre de leur capital, et leurs enfants verraient se réaliser à leur égard le précepte : *Celui qui ne* VEUT *pas travailler ne* PEUT *pas manger*. Vous comprenez bien maintenant que notre manière de voir ne brusque pas les mœurs et les habitudes; que, d'ici à ce que ces résultats soient obtenus, ceux qui vivent de leurs rentes ne courront pas grand risque de mourir de faim, et que, prévoyant l'avenir, ils éleveront leurs enfants dans la pratique du devoir social, qui est le travail.

— Si j'ai bien saisi le sens de votre association,

(1) Voir le *Contrat d'Association*, dans le 5e numéro du journal l'ATELIER.

vous ne vous proposez rien moins que d'anéantir la force et la puissance du capital; c'est une attaque indirecte à la propriété.

— Nous pensons que, de même que bien d'autres choses, la propriété a besoin d'être modifiée. Il doit être permis d'attaquer les abus qu'elle engendre, les excès de pouvoir qu'elle se permet. Nous nous en prenons à l'intérêt exorbitant que le capital prélève sur le travail, et nous imitons en cela la Chambre des Députés, qui l'année dernière voulait diminuer la rente, et portait elle-même, comme vous dites, une atteinte indirecte à la propriété. C'est une réforme du même genre que nous tentons. Nous voulons qu'on ne puisse plus passer sa vie dans l'oisiveté et les plaisirs, parce qu'on est possesseur d'une certaine somme d'argent : on vivra de son capital, mais nous tâcherons qu'il ne se perpétue point indéfiniment.

Si on n'y met arrêt, les capitalistes centraliseront la fortune de la France entre leurs mains, et alors, ouvriers et maîtres, nous n'aurons que ce qu'ils voudront bien nous donner. Ils seront, si ce n'est déjà fait, à la tête de toutes les entreprises, et la part du lion leur sera toujours assurée. Il n'y a qu'un remède à cela, c'est l'association ouvrière.

— Fort bien ; mais comment espérez-vous commencer? Des associations dans chaque profession ne s'improvisent pas. Lors même que je serais convaincu que des ouvriers pourraient s'entendre assez bien pour vivre en société, je ne comprendrais pas encore comment une association pourrait être fondée dès aujourd'hui ; je ne crois pas cela possible.

— Cela est possible, puisque cela est fait. Tenez, prenons les ouvriers tailleurs comme exemple. Beaucoup d'entre eux travaillent dans leur chambre, tantôt pour des pratiques, tantôt pour des maîtres. Qui empêcherait qu'une dizaine se réunît dans un seul atelier, et entreprît à frais et à bénéfices communs? Chacun d'eux apporterait sa petite clientèle, et bien des entreprises, impossibles à chaque ouvrier isolé, deviendraient possibles à la communauté. Il y aurait toutes sortes d'avantages : d'abord c'est que dix personnes, solidaires les unes pour les autres, obtiendraient plus facilement du crédit qu'une seule ; ensuite, il y aurait économie de temps par la division du travail, économie de loyer, de chauffage, d'éclairage, etc. Les clients seraient plus exactement servis, le travail mieux fait parce qu'il y aurait émulation, et la petite société deviendrait bientôt une grande maison. Du reste, je sais que l'association est impossible quant à présent dans quelques branches d'industrie où il faut beaucoup d'argent pour entreprendre. Les ouvriers qui appartiennent à ces industries ne peuvent donc que faire des vœux en faveur d'une réforme qui nous donne un gouvernement intelligent et dévoué. C'est pour cela que nous faisons de la politique, que nous voulons *modifier* profondément l'ordre de choses actuel. Nous avons la conviction que du suffrage universel sortira un pou voir grand et fort, qui comprendra que sa mission est de diriger la société dans la voie du bien, et qui guérira les plaies profondes que lui ont faites les dangereux expérimentateurs auxquels elle est livrée depuis trop long-temps.

— Mais cette révolution que vous entreprenez, elle ne date pas d'hier ; vous avez encore bien du temps devant vous avant d'en sortir vainqueurs.

— Pendant cette lutte, nous ne resterons point inactifs sous le rapport de l'organisation. En démolissant d'une main les restes du servage industriel, nous préparerons les voies à l'association, en la prêchant et en l'essayant même, à travers tous les obstacles. Nous la ferons passer dans les idées, dans les mœurs, dans les habitudes. Nous jouirons peu de ses bienfaits ; mais, tout en faisant la conquête de quelques améliorations matérielles et morales, nous aurons mis nos enfants dans la bonne voie.

— Il me semble que vous résolvez avec beaucoup de hardiesse et de légèreté le grand problême de l'organisation de l'industrie.

— Je n'ai pas trouvé moi-même la solution ; seulement j'ai bien retenu ce qui m'a été appris. J'ai bien réfléchi sur tout cela, et, en résumé, je crois que la direction de l'industrie ne doit pas être abandonnée au caprice de quelques hommes ; qu'elle a besoin d'une organisation unitaire et forte ; que chaque ouvrier doit avoir un droit égal à la disposition des instruments du travail ; qu'enfin les salaires doivent être fixés, pour les chefs comme pour les ouvriers, par l'association elle-même.

Ce résultat, je vous l'ai dit, ne peut s'obtenir que progressivement. Il est donc important de commencer immédiatement, et je vous ai prouvé que cela pouvait se faire dans beaucoup de métiers. L'association s'étendrait beaucoup plus vite si l'on pouvait instituer une banque de crédit qui avancerait des capitaux aux ouvriers disposés à s'associer. Une souscription à cet effet s'ouvrira, je l'espère, d'ici à quelque temps.

Quels que soient d'ailleurs les moyens dont ils pourraient disposer, les membres des associations n'oublieront jamais qu'il est de leur devoir de réclamer toujours la protection et l'intervention du pouvoir : tout ce qui aura été fait jusque là ne pouvant être qu'un essai, propre seulement à donner aux ouvriers l'enseignement nécessaire pour marcher dans cette nouvelle voie.

FIN.

L'ATELIER,

ORGANE DES INTÉRÊTS DES OUVRIERS.

Ce journal est fondé par des ouvriers, qui en font les frais au moyen d'une souscription à un nombre déterminé d'exemplaires (présentement quatre, pour 1 franc par mois). La direction politique, l'admission ou le rejet des articles à insérer sont confiés par les souscripteurs-fondateurs à des ouvriers qu'ils choisissent entre eux par voie d'élection.

Cette publication s'est imposé le devoir de réclamer, par les voies légales, toutes les améliorations progressives qui peuvent être apportées à la condition si misérable des prolétaires. Elle s'occupe donc principalement de tout ce qui, dans la politique, touche de près ou de loin aux intérêts dont elle a embrassé la défense. Elle ne se borne pas à faire la critique de ce qui est, elle propose en outre des moyens *immédiatement praticables* d'organiser le travail suivant la morale et l'équité.

L'Atelier appartient à l'opinion radicale réformiste : il a pris pour drapeau cette devise de nos pères :

Liberté, Égalité, Fraternité, Unité.

Ce journal paraît une fois par mois, du 15 au 25 ; il contient la matière d'un journal du plus grand format. L'abonnement coûte pour Paris, 3 fr. par an et 1 fr. 50 c. pour six mois ; pour les départements, 4 fr. pour un an et 2 fr. pour six mois, en un mandat sur la poste à l'ordre du directeur-gérant. Le numéro séparé se vend 25 centimes.

On s'abonne :

Au bureau du journal, 15, rue Férou.
Chez Rouanet, libraire, rue Verdelet.
Chez Prévôt, libraire, 64, rue Bourbon-Villeneuve.
Au bureau de *l'Écho des Ouvriers*, 3, cours d'Herbouville, (Croix-Rousse) à Lyon.
Au bureau de *l'Ami des Ouvriers*, à Saint-Étienne.
Et chez Géruzet, libraire à Bruxelles.

Paris. — Imp. de Trazuolo, rue Madame, 30.

www.ingramcontent.com/pod-product-compliance
Lightning Source LLC
Chambersburg PA
CBHW050740070726
47597CB00009B/4006